Impressum
Verlag: BABADADA GmbH, Nedderfeld 112 , 22529 Hamburg
Geschäftsführer / Verlagsleitung: Harald Hof
Druck: Books on Demand GmbH, In de Tarpen 42, 22848 Norderstedt

Imprint
Publisher: BABADADA GmbH, Nedderfeld 112 , 22529 Hamburg, Germany
Managing Director / Publishing direction: Harald Hof
Print: Books on Demand GmbH, In de Tarpen 42, 22848 Norderstedt, Germany

学校
Šola

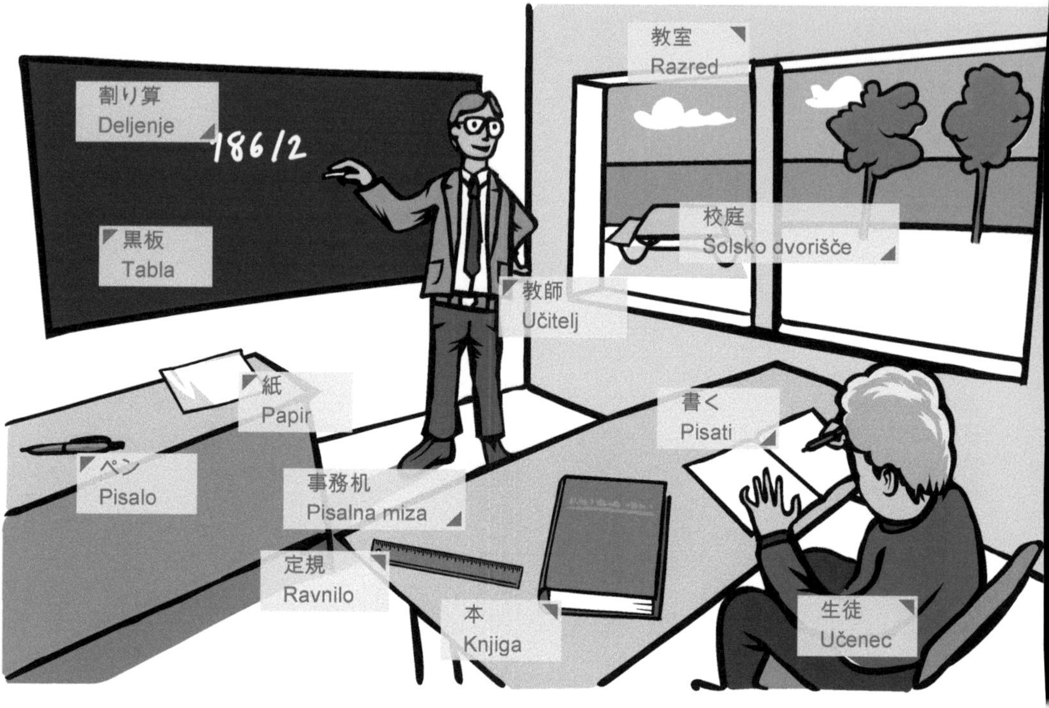

教室
Razred
割り算
Deljenje
186/2
黒板
Tabla
校庭
Šolsko dvorišče
教師
Učitelj
紙
Papir
書く
Pisati
ペン
Pisalo
事務机
Pisalna miza
定規
Ravnilo
本
Knjiga
生徒
Učenec

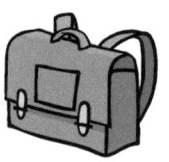

ランドセル

Šolska torba

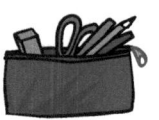

筆入れ

Peresnica

鉛筆

Svinčnik

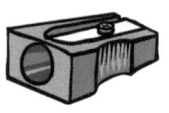

鉛筆削り

Šilček

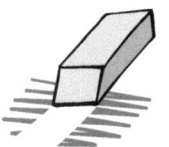

消しゴム

Radirka

スケッチブック

Risalni blok

スケッチ
Risba

絵筆
Čopič

絵の具箱
Vodene barvice

はさみ
Škarje

接着剤
Lepilo

練習帳
Zvezek

宿題
Domača naloga

12

数
Število

2+2

足し算
Seštevanje

5-2

引き算
Odštevanje

2×2

かけ算
Množenje

計算する
Računanje

A

文字
Črka

ABCDEFG
HIJKLMN
OPQRSTU
VWXYZ

アルファベット
Abeceda

hello

単語
Beseda

テキスト

Besedilo

読む

Brati

チョーク

Kreda

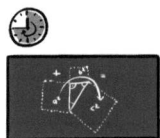

授業

Učna ura

学級日誌

Redovalnica

試験

Preizkus znanja

通知表

Spričevalo

制服

Šolska uniforma

教育

Izobrazba

百科事典

Enciklopedija

大学

Univerza

顕微鏡

Mikroskop

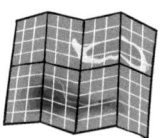

地図

Zemljevid

ごみ箱

Koš za smeti

旅行
Potovanje

ホテル
Hotel
Grand
ホステル
Hostel
ROOMS
両替所
Menjalnica
スーツケース
Kovček
自動車
Avtomobil

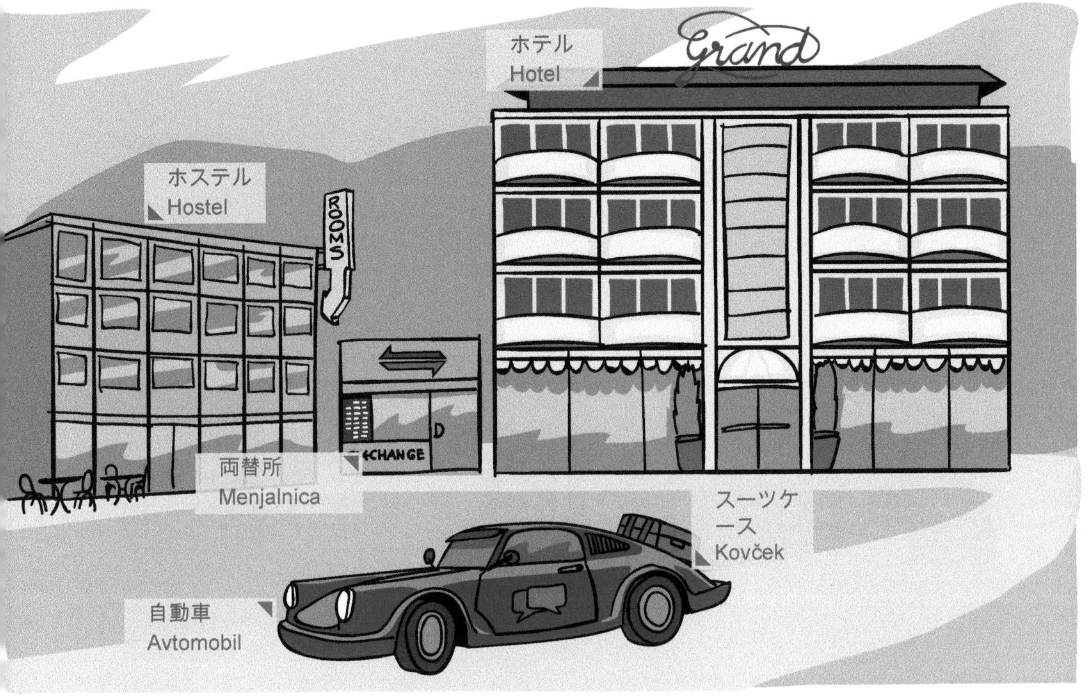

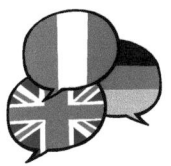

言語

Jezik

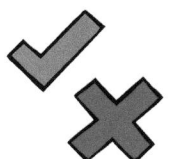

はい / いいえ

da / ne

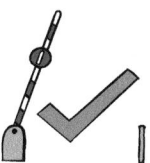

問題ない

Prav

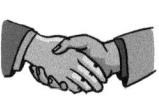

ハロー

Pozdravljeni

翻訳者

Prevajalec

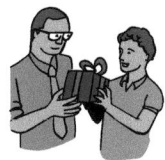

ありがとう

Hvala

…はいくらですか？

Koliko stane…?

わかりません

Ne razumem

問題

Težava

こんばんは！

Dober večer!

おはようございます！

Dobro jutro!

おやすみなさい！

Lahko noč!

さようなら

Nasvidenje

方向

Smer

手荷物

Prtljaga

バッグ

Torba

リュックサック

Nahrbtnik

お客様

Gost

部屋

Soba

寝袋

Spalna vreča

テント

Šotor

旅行者情報

Turistične informacije

ビーチ

Plaža

クレジットカード

Kreditna kartica

朝食

Zajtrk

昼食

Kosilo

夕食

Večerja

チケット

Vozovnica

エレベーター

Dvigalo

スタンプ

Znamka

境界

Meja

税関

Carina

大使館

Veleposlaništvo

ビザ

Vizum

パスポート

Potni list

輸送

Prevoz

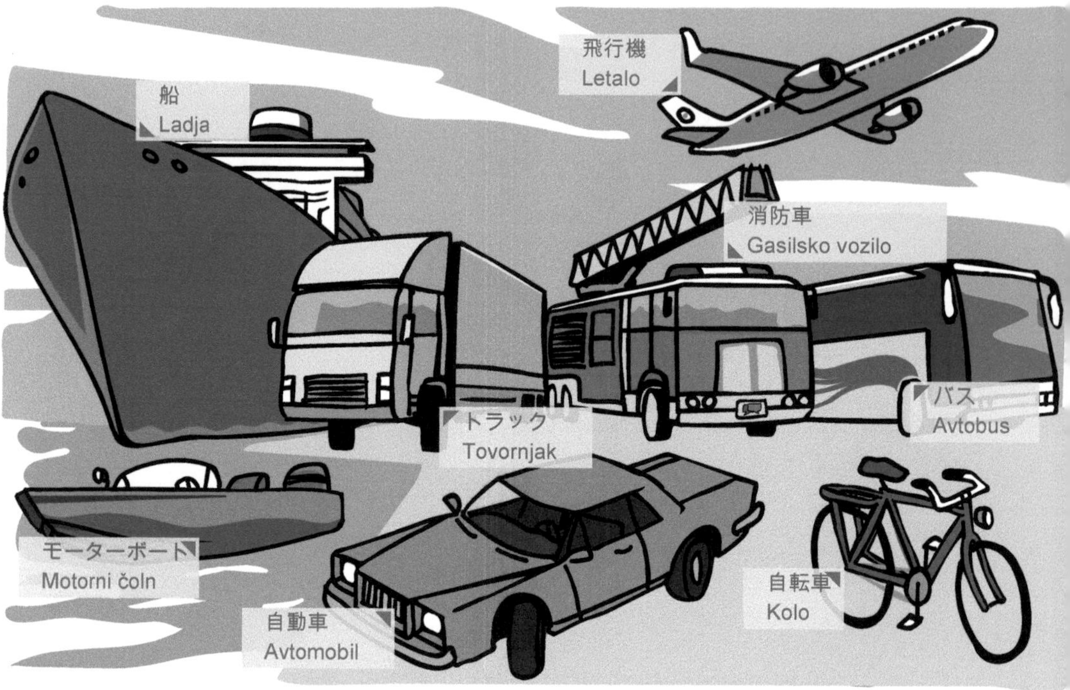

飛行機
Letalo
船
Ladja
消防車
Gasilsko vozilo
バス
Avtobus
トラック
Tovornjak
モーターボート
Motorni čoln
自転車
Kolo
自動車
Avtomobil

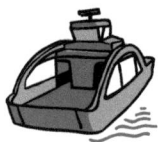

フェリー

Trajekt

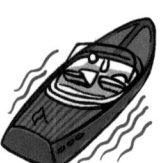

ボート

Čoln

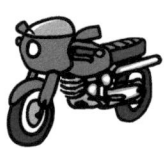

バイク

Motorno kolo

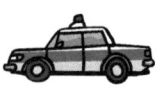

パトカー

Policijski avto

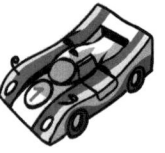

レーシングカー

Dirkalni avto

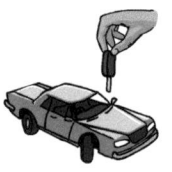

レンタカー

Najeto vozilo

カーシェアリング

Souporaba avtomobila

レッカー車

Avtovleka

ごみ収集車

Smetarsko vozilo

モーター

Motor

燃料

Gorivo

ガソリンスタンド

Bencinska postaja

交通標識

Prometni znak

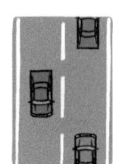

交通

Promet

渋滞

Zastoj

駐車場

Parkirišče

駅

Železniška postaja

道

Tirnice

列車

Vlak

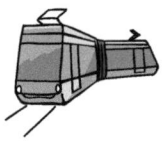

路面電車

Tramvaj

車両

Vagon

ヘリコプター

Helikopter

空港

Letališče

タワー

Stolp

乗客

Potnik

コンテナ

Kontejner

段ボール箱

Karton

カート

Voziček

カゴ

Košara

離陸 / 着陸

vzleteti / pristati

都市

Mesto

村

Vas

都心

Mestno jedro

家

Hiša

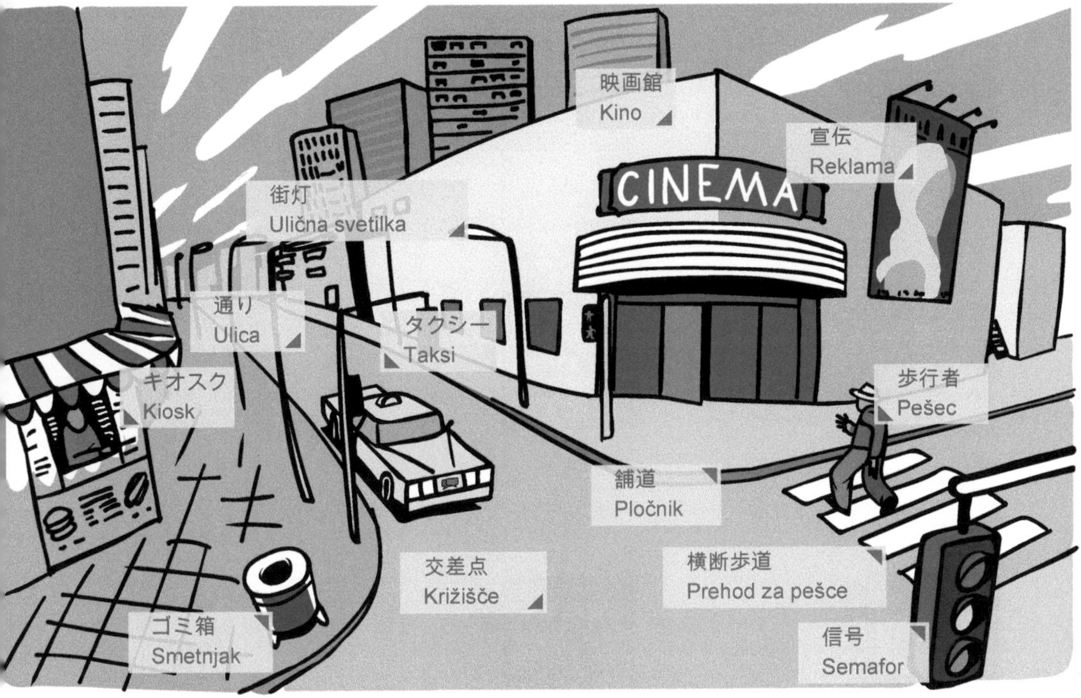
映画館
Kino
宣伝
Reklama
CINEMA
街灯
Ulična svetilka
通り
Ulica
タクシー
Taksi
キオスク
Kiosk
歩行者
Pešec
舗道
Pločnik
交差点
Križišče
横断歩道
Prehod za pešce
ゴミ箱
Smetnjak
信号
Semafor

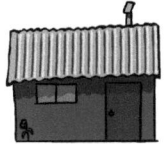

小屋

Koča

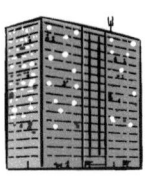

アパート

Stanovanje

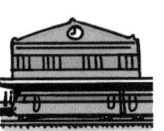

駅

Železniška postaja

市役所

Mestna hiša

MUSEUM

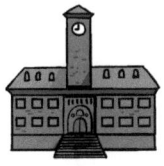

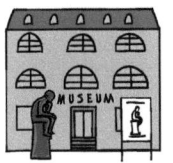

美術館

Muzej

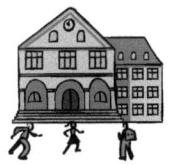

学校

Šola

大学

Univerza

銀行

Banka

病院

Bolnišnica

ホテル

Hotel

薬局

Lekarna

オフィス

Pisarna

書店

Knjigarna

ショップ

Trgovina

花屋

Cvetličarna

スーパーマーケット

Supermarket

市場

Tržnica

デパート

Veleblagovnica

魚屋

Ribarnica

ショッピングセンター

Nakupovalno središče

港

Pristanišče

公園

Park

ベンチ

Klop

橋

Most

階段

Stopnice

地下鉄

Podzemna železnica

トンネル

Predor

バス停

Avtobusno postajališče

バー

Bar

レストラン

Restavracija

ポスト

Poštni nabiralnik

道路標識

Ulična tabla

パーキングメーター

Parkirna ura

動物園

Živalski vrt

スイミングプール

Kopališče

モスク

Mošeja

農場

Kmetija

汚染

Onesnaževanje

基地

Pokopališče

教会

Cerkev

遊び場

Otroško igrišče

寺

Tempelj

風景

Pokrajina

葉
List

道標
Kažipot

道
Pot

草地
Travnik

石
Kamen

木
Drevo

ハイカー
Pohodnik

川
Reka

草
Trava

花
Cvetlica

谷
Dolina

山
Hrib

湖
Jezero

森
Gozd

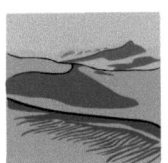

砂漠
Puščava

火山
Vulkan

城
Grad

虹
Mavrica

キノコ
Goba

ヤシの木
Palma

蚊
Komar

ハエ
Muha

蟻
Mravlja

ミツバチ
Čebela

クモ
Pajek

カブトムシ

Hrošč

蛙

Žaba

リス

Veverica

ハリネズミ

Jež

ウサギ

Zajec

フクロウ

Sova

鳥

Ptič

白鳥

Labod

雄豚

Divji prašič

鹿

Jelen

ヘラジカ

Los

ダム

Jez

風力タービン

Vetrnica

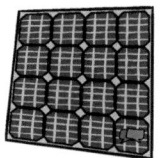

ソーラーパネル

Solarna plošča

気候

Podnebje

レストラン

Restavracija

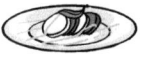

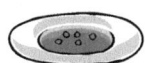

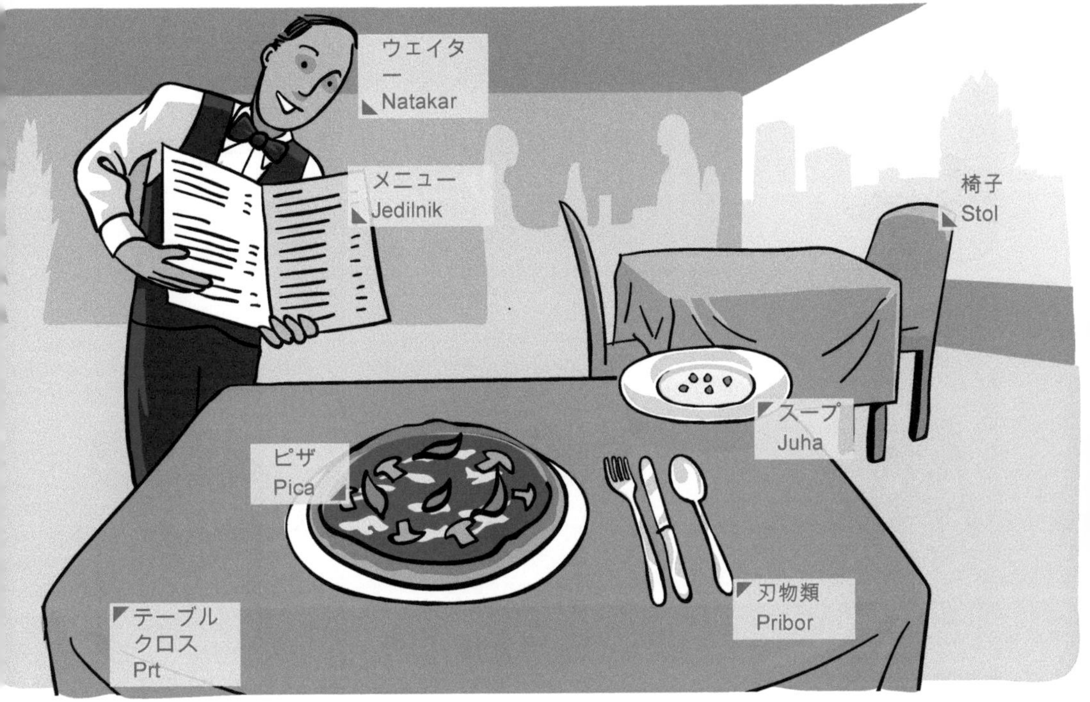

ウエイター
Natakar
メニュー
Jedilnik
椅子
Stol
スープ
Juha
ピザ
Pica
刃物類
Pribor
テーブルクロス
Prt

前菜

Predjed

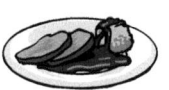

メインコース

Glavna jed

デザート

Sladica

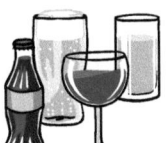

飲み物

Pijače

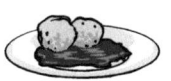

食べ物

Hrana

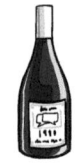

ボトル

Steklenica

ファストフード

Hitra hrana

屋台の食べ物

Ulična hrana

ティーポット

Čajnik

砂糖入れ

Sladkornica

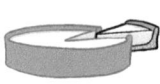

一人前

Porcija

エスプレッソマシン

Aparat za espresso

幼児用食事椅子

Stolček za hranjenje

請求書

Račun

トレー

Pladenj

ナイフ

Nož

フォーク

Vilica

スプーン

Žlica

ティースプーン

Čajna žlička

ナプキン

Servieta

グラス

Kozarec

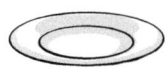

皿
Krožnik

スープ皿
Globoki krožnik

受け皿
Krožniček

ソース
Omaka

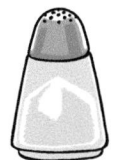

塩入れ
Solnica

ペッパーミル
Mlinček za poper

酢
Kis

油
Olje

スパイス
Začimbe

ケチャップ
Kečap

マスタード
Gorčica

マヨネーズ
Majoneza

スーパーマーケット
Supermarket

特価品
Posebna ponudba
FOR
顧客
Stranka
乳製品
Mlečni izdelki
果物
Sadje
ショッピング・カート
Nakupovalni voziček

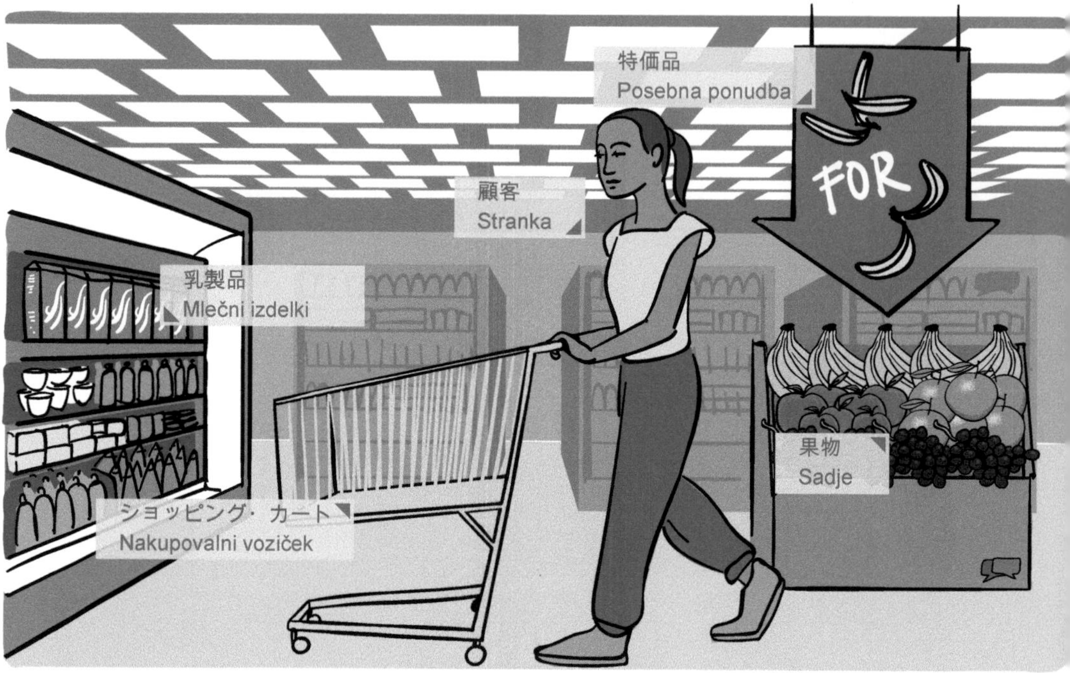

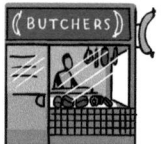

BUTCHERS

肉屋

Mesnica

BAKERY

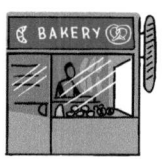

パン屋

Pekarna

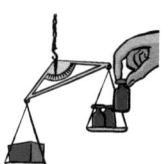

重さをはかる

Tehtati

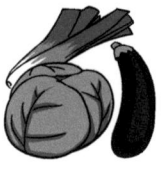

野菜

Zelenjava

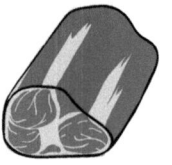

肉

Meso

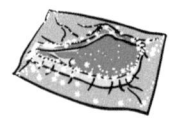

冷凍食品

Zamrznjena hrana

冷肉の薄切り

Hladne mesnine

缶詰食品

Konzerve

洗剤

Pralni prašek

菓子

Sladkarije

家庭用品

Gospodinjski izdelki

清掃用品

Čistilno sredstvo

販売員

Prodajalka

現金箱

Blagajna

レジ係

Blagajnik

買い物リスト

Nakupovalni seznam

開館時刻

Delovni čas

財布

Denarnica

クレジットカード

Kreditna kartica

バッグ

Torba

ポリ袋

Plastična vrečka

水

Voda

ジュース

Sok

牛乳

Mleko

コーラ

Kola

ワイン

Vino

ビール

Pivo

アルコール

Alkohol

ココア

Kakav

紅茶

Čaj

コーヒー

Kava

エスプレッソ

Espresso

カプチーノ

Kapučino

バナナ

Banana

リンゴ

Jabolko

オレンジ

Pomaranča

メロン

Lubenica

レモン

Limona

ニンジン

Korenje

ニンニク

Česen

竹

Bambus

玉ねぎ

Čebula

キノコ

Goba

ナッツ

Oreščki

ヌードル

Rezanci

スパゲッティ

Špageti

米

Riž

サラダ

Solata

フライドポテト

Ocvrt krompirček

フライドポテト

Pečen krompir

ピザ

Pica

ハンバーガー

Hamburger

サンドウィッチ

Sendvič

カツレツ

Zrezek

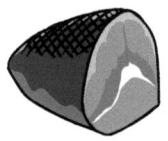

ハム

Šunka

サラミ

Salama

ソーセージ

Klobasa

鶏肉

Piščanec

焼き

Pečenka

魚

Riba

麦のお粥

Ovseni kosmiči

ムーズリ

Musli

コーンフレーク

Koruzni kosmiči

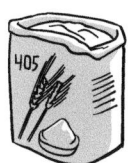

小麦粉

Moka

クロワッサン

Rogljiček

ロールパン

Žemlja

パン

Kruh

トースト

Prepečenec

ビスケット

Piškoti

バター

Maslo

カッテージチーズ

Skuta

ケーキ

Torta

卵

Jajce

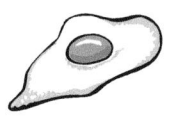

目玉焼き

Pečeno jajce na oko

チーズ

Sir

アイスクリーム

Sladoled

砂糖

Sladkor

はちみつ

Med

ジャム

Marmelada

ヌガークリーム

Čokoladni namaz

カレー

Kari

農家
Kmečka hiša

納屋
Skedenj

ストローベール
Bala slame

畑
Polje

馬
Konj

トレーラー
Prikolica

子馬
Žrebe

トラクター
Traktor

ロバ
Osel

子羊
Jagnje

羊
Ovca

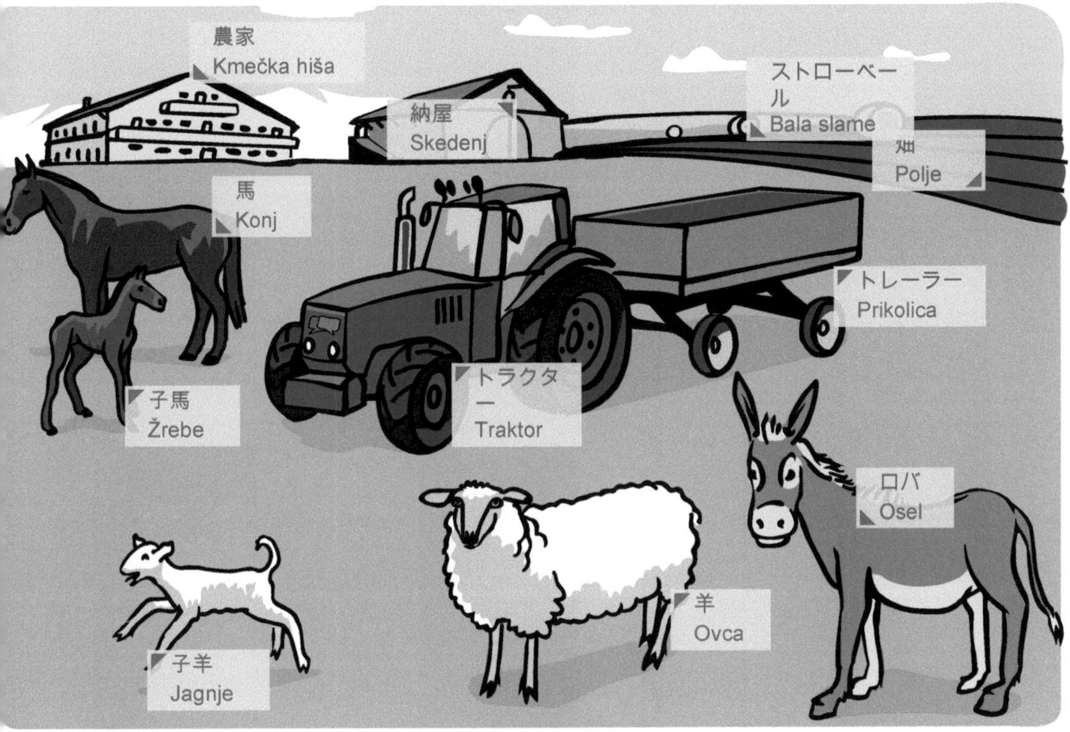

ヤギ

Koza

雌牛

Krava

子牛

Tele

豚

Prašič

子豚

Pujsek

雄牛

Bik

ガチョウ

Gos

アヒル

Raca

ひよこ

Piščanec

にわとり

Kokoš

おんどり

Petelin

ネズミ

Podgana

猫

Mačka

ねずみ

Miš

雄牛

Vol

犬

Pes

犬小屋

Pasja uta

散水ホース

Cev za zalivanje

じょうろ

Kangla za zalivanje

大鎌

Kosa

すき

Plug

草刈り鎌
Srp

くわ
Motika

堆肥用フォーク
Vile

斧
Sekira

手押し車
Samokolnica

かいばおけ
Korito

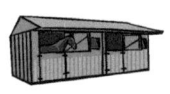

牛乳缶
Kangla za mleko

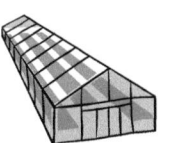

袋
Vreča

フェンス
Ograja

畜舎
Hlev

温室
Rastlinjak

土壌
Prst

種
Seme

肥料
Gnojilo

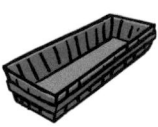

コンバイン
Kombajn

収穫する
Žeti

収穫
Žetev

ヤマイモ
Jam

小麦
Pšenica

大豆
Soja

じゃがいも
Krompir

トウモロコシ
Koruza

菜種
Oljna ogrščica

果樹
Sadno drevo

キャッサバ
Maniok

穀物
Žito

家

Hiša

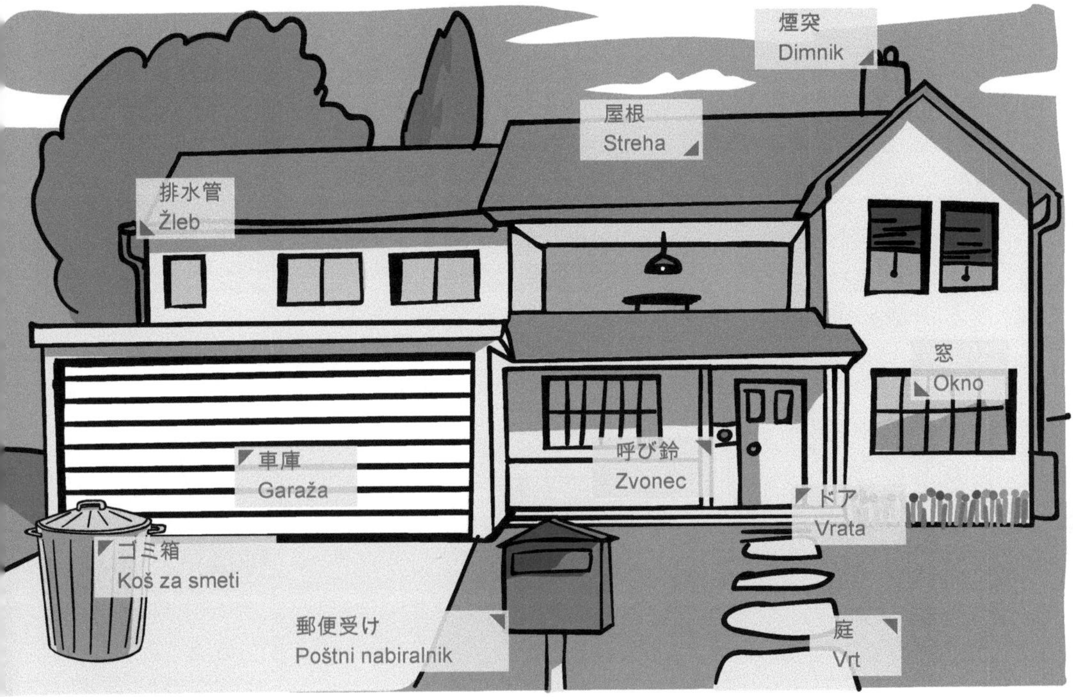
煙突
Dimnik
屋根
Streha
排水管
Žleb
窓
Okno
車庫
Garaža
呼び鈴
Zvonec
ドア
Vrata
ゴミ箱
Koš za smeti
郵便受け
Poštni nabiralnik
庭
Vrt

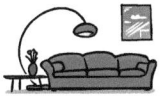

リビングルーム

Dnevna soba

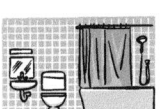

浴室

Kopalnica

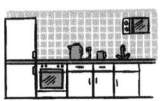

台所

Kuhinja

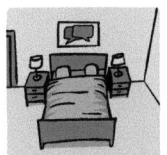

寝室

Spalnica

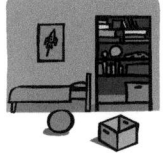

子供部屋

Otroška soba

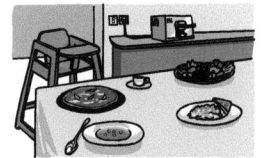

ダイニング・ルーム

Jedilnica

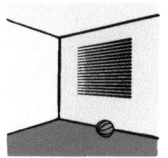

床
Tla

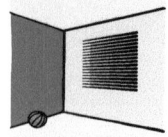

壁
Stena

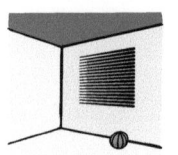

天井
Strop

地下貯蔵庫
Klet

サウナ
Savna

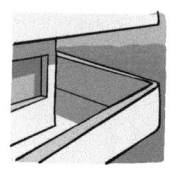

バルコニー
Balkon

テラス
Terasa

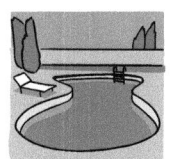

プール
Bazen

芝刈り機
Kosilnica

シーツ
Rjuha

ベッドカバー
Posteljno pregrinjalo

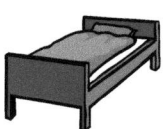

ベッド
Postelja

ほうき
Metla

バケツ
Vedro

スイッチ
Stikalo

リビングルーム
Dnevna soba

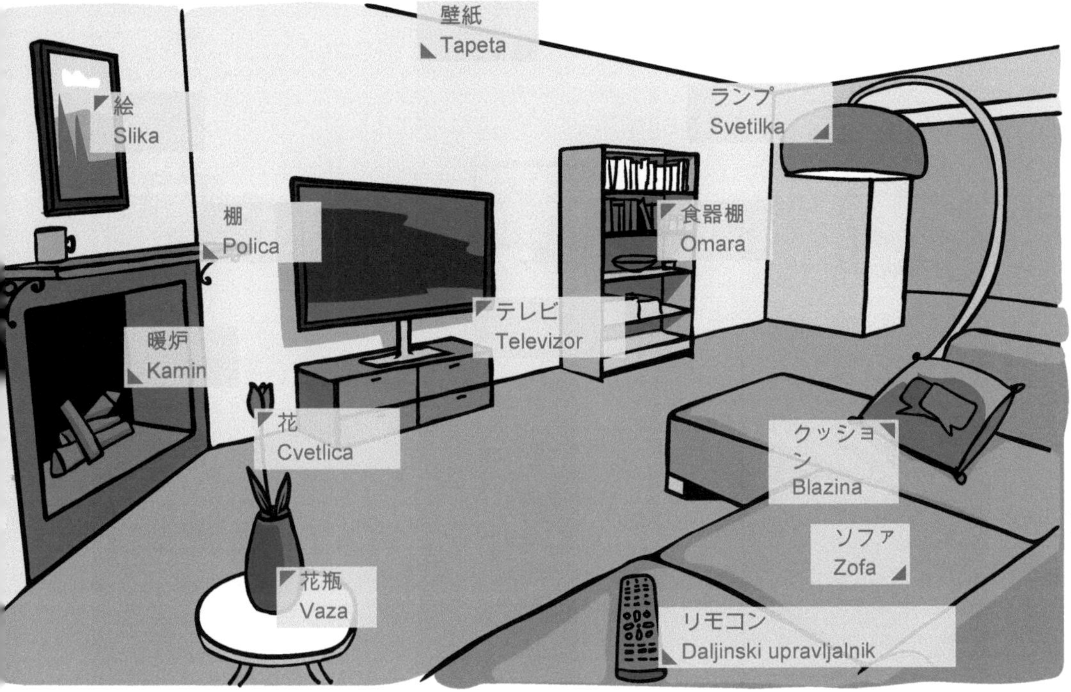

壁紙
Tapeta
絵
Slika
ランプ
Svetilka
棚
Polica
食器棚
Omara
テレビ
Televizor
暖炉
Kamin
花
Cvetlica
クッション
Blazina
ソファ
Zofa
花瓶
Vaza
リモコン
Daljinski upravljalnik

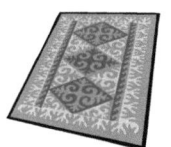

カーペット
Preproga

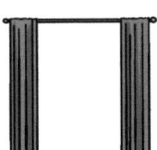

カーテン
Zavesa

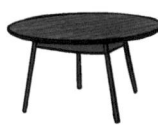

テーブル
Miza

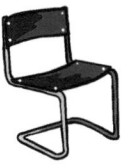

椅子
Stol

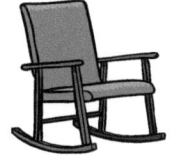

ロッキングチェア
Gugalnik

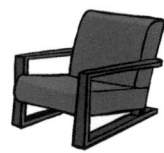

ひじ掛け椅子
Naslanjač

本
Knjiga

毛布
Odeja

飾り
Dekoracija

たきぎ
Drva

映画
Film

ステレオ
Glasbeni stolp

鍵
Ključ

新聞
Časopis

絵画
Slika

ポスター
Plakat

ラジオ
Radio

メモ帳
Beležka

掃除機
Sesalnik

サボテン
Kaktus

ろうそく
Sveča

台所
Kuhinja

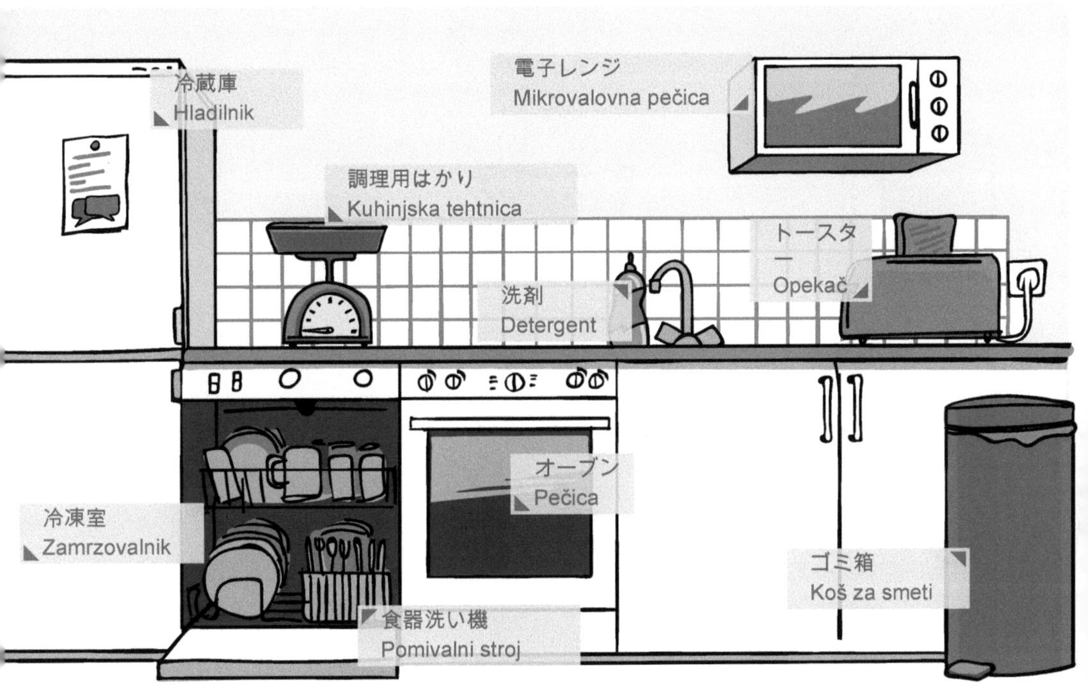
冷蔵庫
Hladilnik
電子レンジ
Mikrovalovna pečica
調理用はかり
Kuhinjska tehtnica
トースタ
ー
Opekač
洗剤
Detergent
オーブン
Pečica
冷凍室
Zamrzovalnik
ゴミ箱
Koš za smeti
食器洗い機
Pomivalni stroj

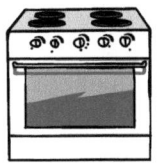

こんろ

Kozica

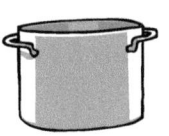

鍋

Lonec

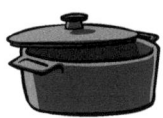

鉄鍋

Litoželezni lonec

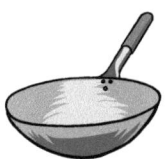

中華鍋/ カダイ鍋

Vok / kadai

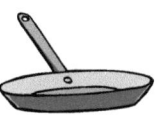

フライパン

Ponev

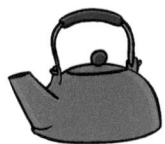

やかん

Kotliček

蒸し器

Parni kuhalnik

天板

Pekač

食器

Posoda

マグカップ

Skodelica

ボウル

Skleda

箸

Jedilne paličice

おたま

Zajemalka

へら

Lopatica

泡立て器

Metlica

こし器

Cedilnik

ふるい

Cedilo

すりおろし器

Strgalo

すり鉢

Možnar

バーベキュー

Žar

かまど

Ognjišče

まな板
Deska za rezanje

麺棒
Valjar

栓抜き
Odpirač za steklenice

缶
Pločevinka

缶切り
Odpirač za konzerve

鍋つかみ
Prijemalka za posodo

流し
Korito

ブラシ
Ščetka

スポンジ
Goba

ミキサー
Mešalnik

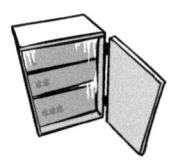

冷凍庫
Zamrzovalna skrinja

哺乳瓶
Steklenička

蛇口
Pipa

浴室

Kopalnica

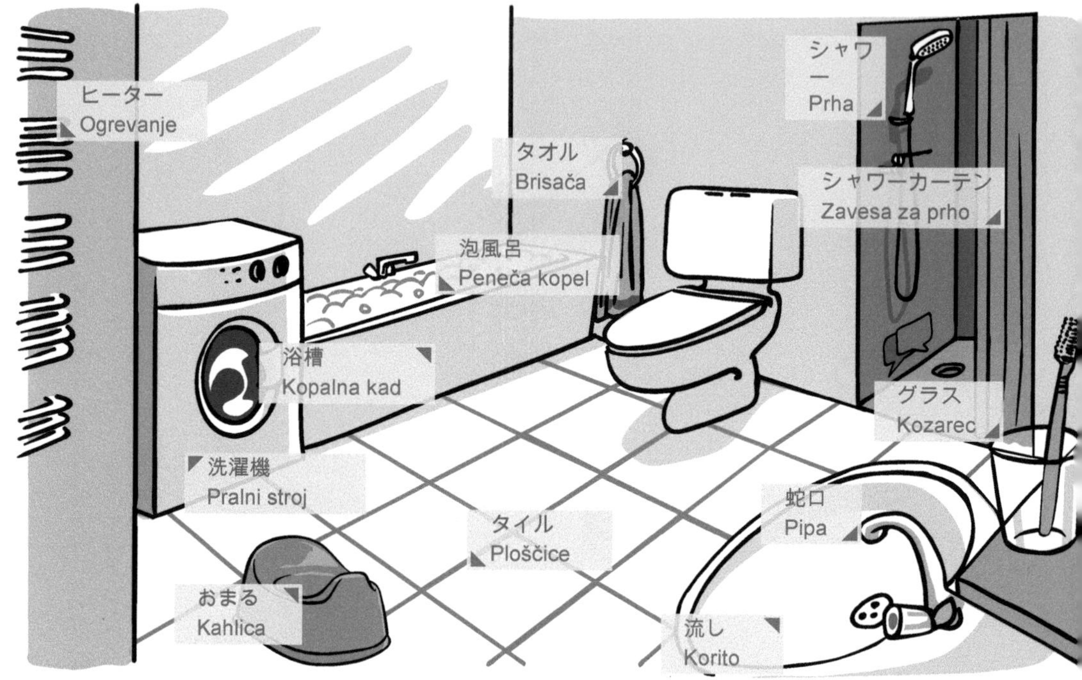

ヒーター
Ogrevanje
タオル
Brisača
シャワー
Prha
シャワーカーテン
Zavesa za prho
泡風呂
Peneča kopel
浴槽
Kopalna kad
グラス
Kozarec
洗濯機
Pralni stroj
蛇口
Pipa
タイル
Ploščice
おまる
Kahlica
流し
Korito

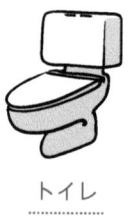

トイレ

Stranišče

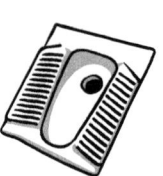

和式トイレ

Stranišče na počep

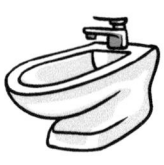

ビデ

Bide

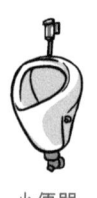

小便器

Pisoar

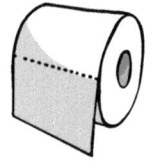

トイレットペーパー

Toaletni papir

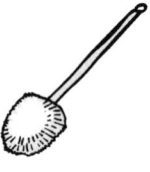

トイレブラシ

Ščetka za straniščno školjko

歯ブラシ

Zobna ščetka

歯みがき

Zobna pasta

デンタルフロス

Zobna nitka

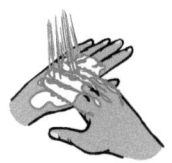

洗う

Umiti se

シャワーヘッド

Ročna prha

ハンドビデ

Prha za intimne dele

洗面台

Umivalnik

ボディブラシ

Krtača za hrbet

石鹸

Milo

シャワー用ジェル

Gel za prhanje

シャンプー

Šampon

浴用タオル

Krpica za miljenje

排水口

Odtok

クリーム

Krema

消臭

Deodorant

浴室 - Kopalnica

鏡

Ogledalo

手鏡

Ročno ogledalo

かみそり

Britvica

シェービング・フォーム

Pena za britje

アフターシェーブローショ

Vodica po britju

櫛

Glavnik

ブラシ

Ščetka

ドライヤー

Sušilnik za lase

ヘアスプレー

Lak za lase

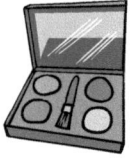

化粧

Ličila

口紅

Šminka

マニキュア

Lak za nohte

脱脂綿

Vatirane blazinice

爪切り

Škarjice za nohte

香水

Parfum

洗面用具入れ

Toaletna torbica

スツール

Stol brez naslonjala

体重計

Osebna tehtnica

バスローブ

Kopalni plašč

ゴム手袋

Gumijaste rokavice

タンポン

Tampon

生理用ナプキン

Damski vložki

ケミカルトイレ

Kemično stranišče

子供部屋

Otroška soba

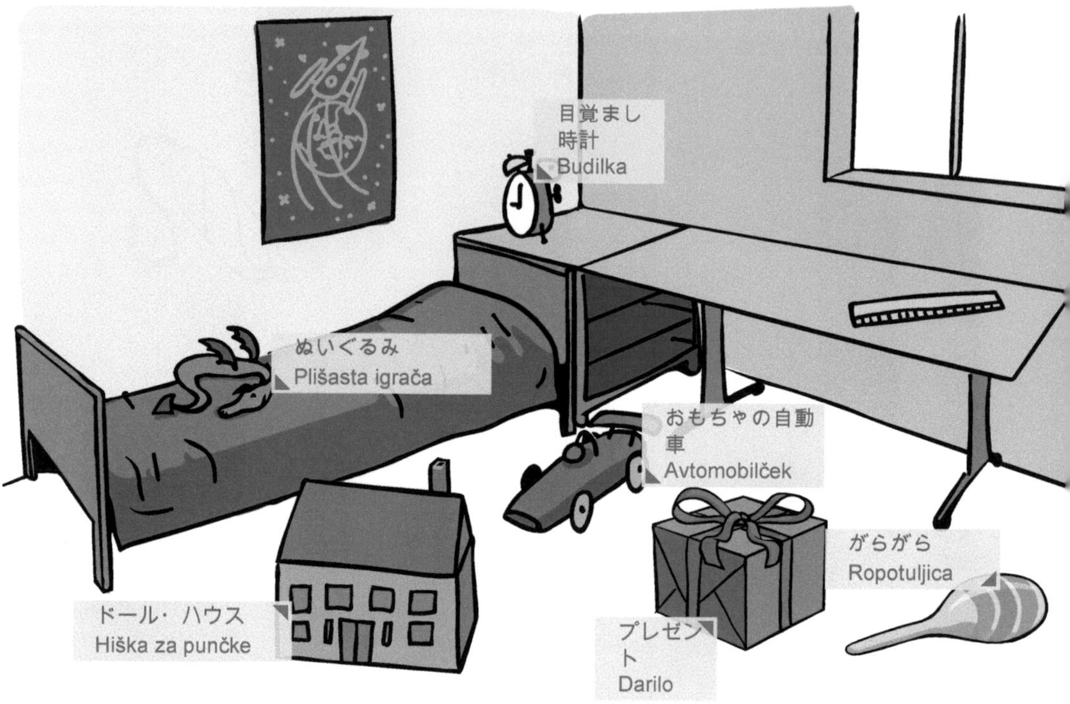

目覚まし
時計
Budilka
ぬいぐるみ
Plišasta igrača
おもちゃの自動
車
Avtomobilček
がらがら
Ropotuljica
ドール・ハウス
Hiška za punčke
プレゼン
ト
Darilo

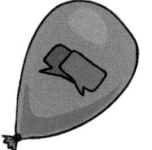

風船

Balon

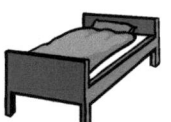

ベッド

Postelja

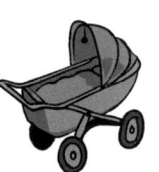

ベビーカー

Otroški voziček

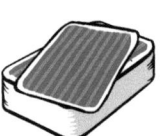

カードゲーム

Igralne karte

ジグソーパズル

Sestavljanka

SUPER
MEGA

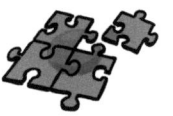

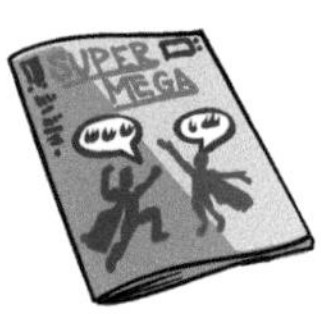

漫画

Strip

レゴ

Lego kocke

玩具ブロック

Igralne kocke

アクションフィギュア

Akcijska figura

ロンパース

Bodi

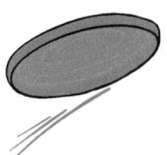

フリスビー

Frizbi

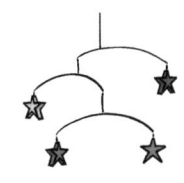

モバイル

Vrtiljak za posteljico

ボードゲーム

Namizna igra

さいころ

Kocka

鉄道模型

Komplet modelov vlakov

おしゃぶり

Duda

パーティー

Zabava

絵本

Slikanica

ボール

Žoga

人形

Lutka

遊ぶ

Igrati se

砂場

Peskovnik

ブランコ

Gugalnica

おもちゃ

Igrače

ゲーム機

Igralna konzola

三輪車

Tricikel

テディベア

Plišasti medvedek

衣装ダンス

Garderoba

衣服

Oblačilo

靴下

Nogavice

ストッキング

Samostoječe nogavice

タイツ

Hlačne nogavice

スカーフ
Šal

ベルト
Pas

雨傘
Dežnik

Tシャツ
Majica s kratkimi rokavi

ブーツ
Škornji

スリッパ
Copati

スニーカー
Športni copati

サンダル
Sandali

靴
Čevlji

ゴム長靴
Gumijasti škornji

パンツ
Spodnje hlače

ブラ
Modrček

ベスト
Telovnik

衣服 - Oblačilo

ボディースーツ

Bodi

ズボン

Hlače

ジーンズ

Kavbojke

スカート

Krilo

ブラウス

Bluza

シャツ

Srajca

セーター

Pulover

パーカー

Pletena jopica

ブレザー

Jopa

ジャケット

Jakna

コート

Plašč

レインコート

Dežni plašč

服装

Kostim

ドレス

Obleka

ウェディングドレス

Poročna obleka

スーツ

Obleka

ナイトガウン

Spalna srajca

パジャマ

Pižama

サリー

Sari

ヘッドスカーフ

Naglavna ruta

ターバン

Turban

ブルカ

Burka

カフタン

Kaftan

アバヤ

Abaja

水着

Kopalke

トランクス

Kopalne hlače

半ズボン

Kratke hlače

スウェットスーツ

Trenirka

エプロン

Predpasnik

手袋

Rokavice

衣服 - Oblačilo

ボタン
Gumb

メガネ
Očala

ブレスレット
Zapestnica

ネックレス
Verižica

指輪
Prstan

イヤリング
Uhan

帽子
Kapa

ハンガー
Obešalnik

帽子
Klobuk

ネクタイ
Kravata

ファスナー
Zadrga

ヘルメット
Čelada

サスペンダー
Naramnice

制服
Šolska uniforma

ユニフォーム
Uniforma

衣服 - Oblačilo

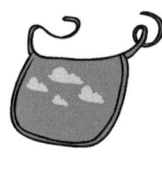

よだれかけ

Slinček

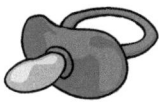

おしゃぶり

Duda

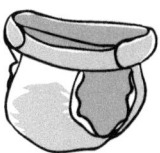

おむつ

Plenica

オフィス
Pisarna

サーバ
Strežnik
書類キャビネット
Kartotečna omara
プリンター
Tiskalnik
紙
Papir
モニター
Monitor
マウス
Miška
事務机
Pisalna miza
フォルダー
Mapa
キーボード
Tipkovnica
ごみ箱
Koš za smeti
コンピューター
Računalnik
椅子
Stol

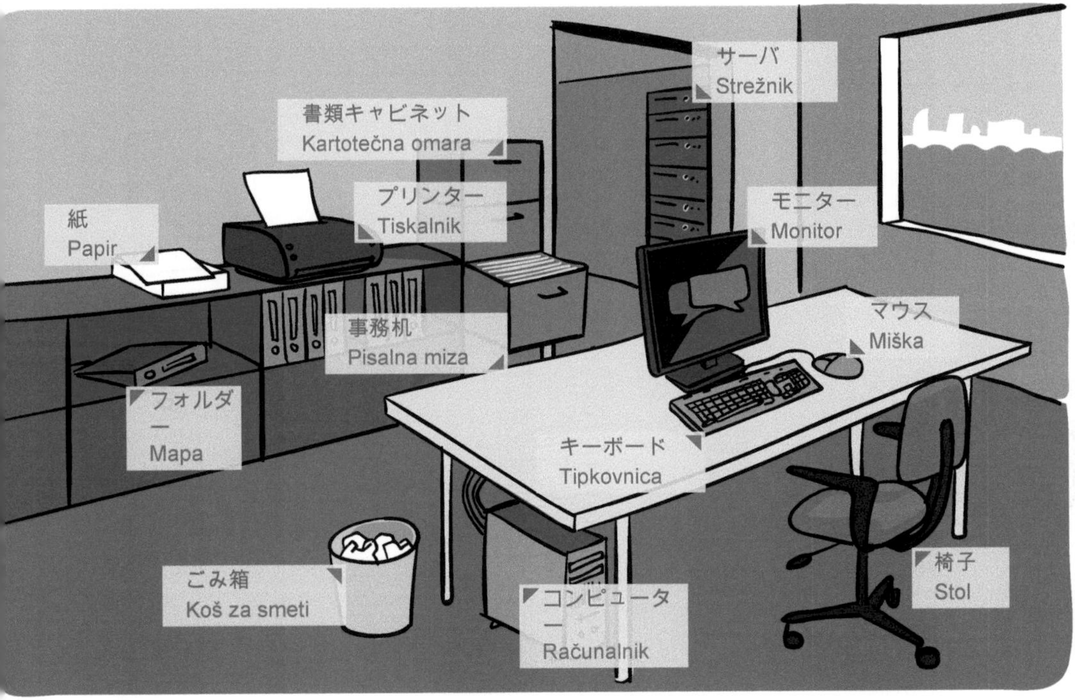

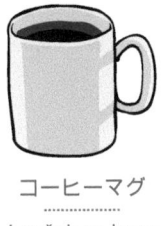

コーヒーマグ

Lonček za kavo

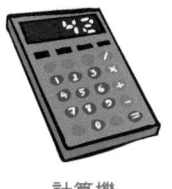

計算機

Kalkulator

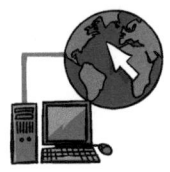

インターネット

Internet

ラップトップ

Prenosnik

手紙

Pismo

メッセージ

Sporočilo

携帯電話

Mobilnik

ネットワーク

Omrežje

コピー機

Kopirni stroj

ソフトウェア

Programska oprema

電話

Telefon

コンセント

Vtičnica

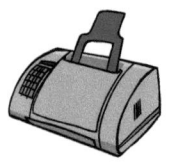

ファックス

Telefaks

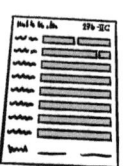

フォーム

Obrazec

書類

Dokument

買う

Kupiti

支払う

Plačati

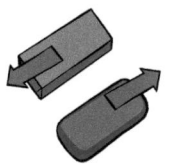

取引する

Trgovati

お金

Denar

ドル

Dolar

ユーロ

Evro

円

Jen

ルーブル

Rubelj

スイスフラン

Švičarski frank

人民元

Kitajski juan renminbi

ルピー

Rupija

キャッシュポイント

Bankomat

両替所

Menjalnica

金

Zlato

銀

Srebro

油

Nafta

エネルギー

Energija

価格

Cena

契約

Pogodba

税金

Davek

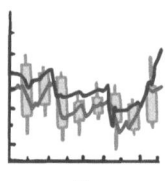

株

Delnice

働く

Delati

従業員

Delojemalec

雇用主

Delodajalec

工場

Tovarna

ショップ

Trgovina

職業

Poklici

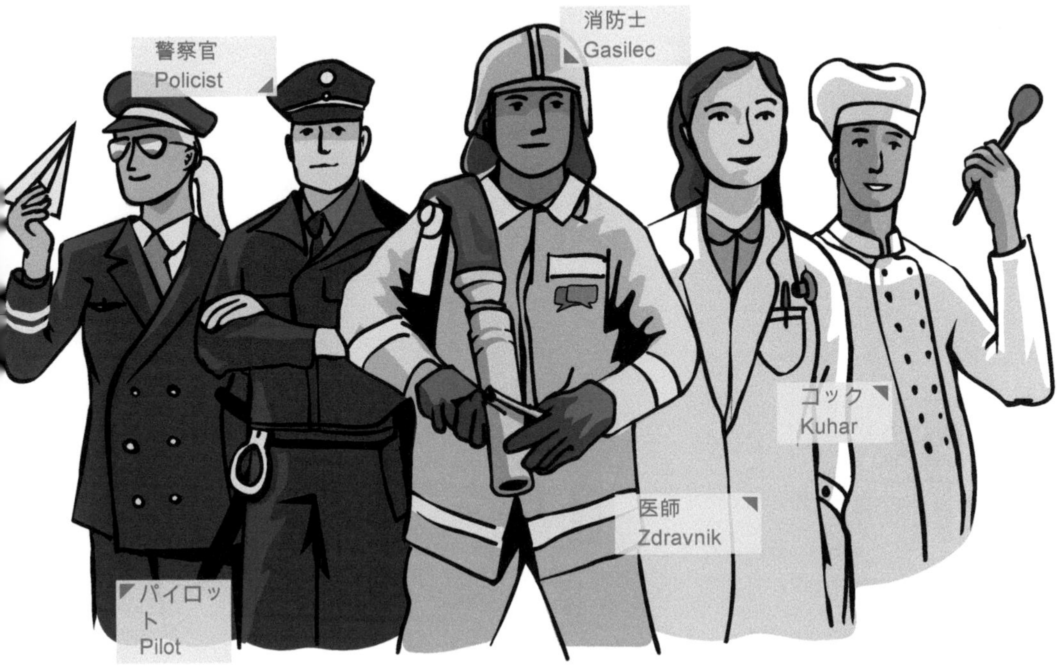
警察官
Policist
消防士
Gasilec
パイロット
Pilot
医師
Zdravnik
コック
Kuhar

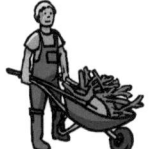

庭師

Vrtnar

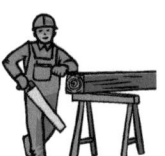

大工

Mizar

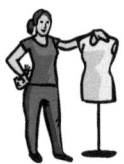

お針子

Šivilja

裁判官

Sodnik

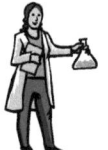

化学者

Kemik

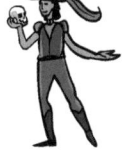

俳優

Igralec

バスの運転手

Voznik avtobusa

タクシー運転手

Taksist

漁師

Ribič

掃除婦

Čistilka

屋根ふき職人

Krovec

ウェイター

Natakar

ハンター

Lovec

塗装工

Pleskar

パン屋

Pek

電気工

Električar

建設作業員

Gradbenik

エンジニア

Inženir

肉屋

Mesar

配管工

Vodovodni inštalater

郵便配達人

Poštar

軍人
Vojak

建築家
Arhitekt

レジ係
Blagajnik

花屋
Cvetličar

美容師
Frizer

車掌
Sprevodnik

機械工
Mehanik

キャプテン
Kapitan

歯科医
Zobozdravnik

科学者
Znanstvenik

ラビ
Rabin

イスラム導師
Imam

修道士
Menih

牧師
Duhovnik

道具

Orodje

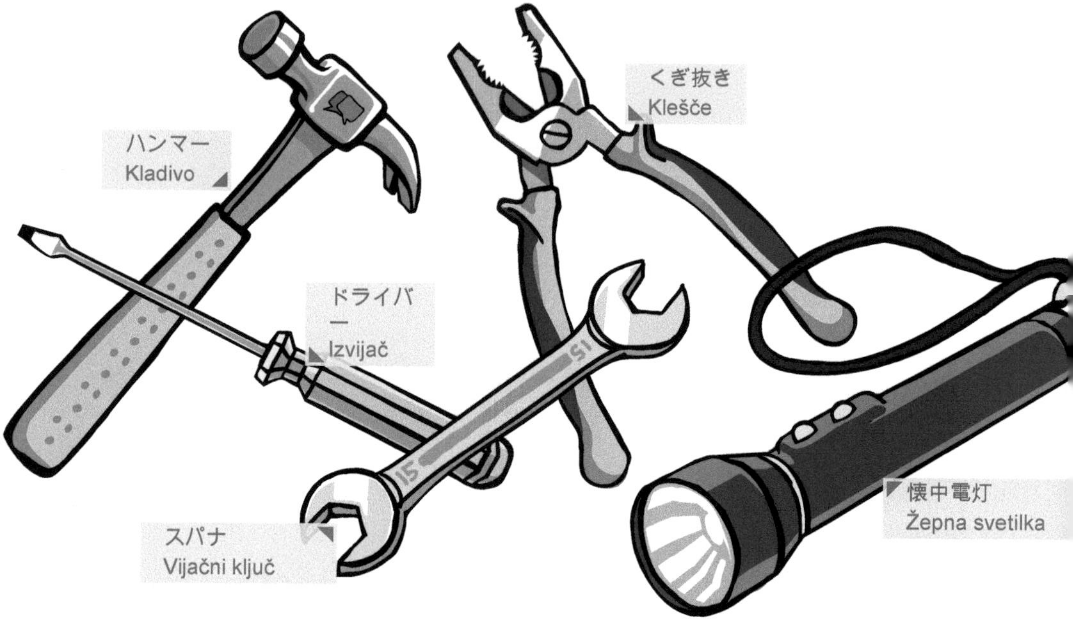

ハンマー
Kladivo
くぎ抜き
Klešče
ドライバー
Izvijač
スパナ
Vijačni ključ
懐中電灯
Žepna svetilka

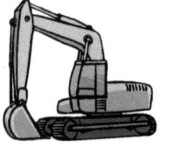

掘削機

Bager

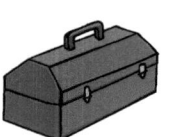

道具箱

Zaboj z orodjem

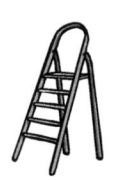

はしご

Lestev

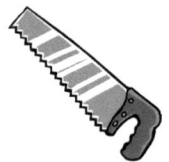

のこぎり

Žaga

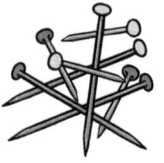

釘

Žeblji

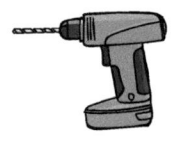

ドリル

Vrtalnik

修理する

Popraviti

シャベル

Lopata

クソ！

Šment!

ちりとり

Smetišnica

ペンキ缶

Posoda z barvo

ネジ

Vijaki

楽器

Glasbeni instrument

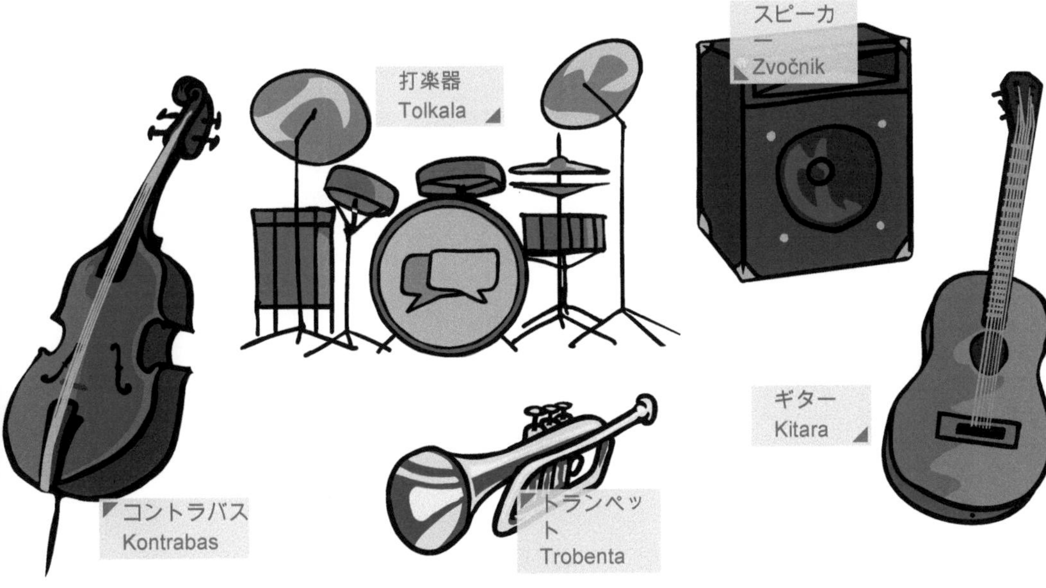

スピーカー
Zvočnik

打楽器
Tolkala

コントラバス
Kontrabas

トランペット
Trobenta

ギター
Kitara

ピアノ

Klavir

バイオリン

Violina

バス

Bas kitara

ティンパニ

Pavke

ドラム

Bobni

キーボード

Sintetizator

サックス

Saksofon

フルート

Flavta

マイクロフォン

Mikrofon

動物園

Živalski vrt

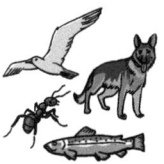

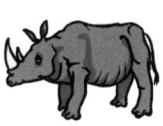

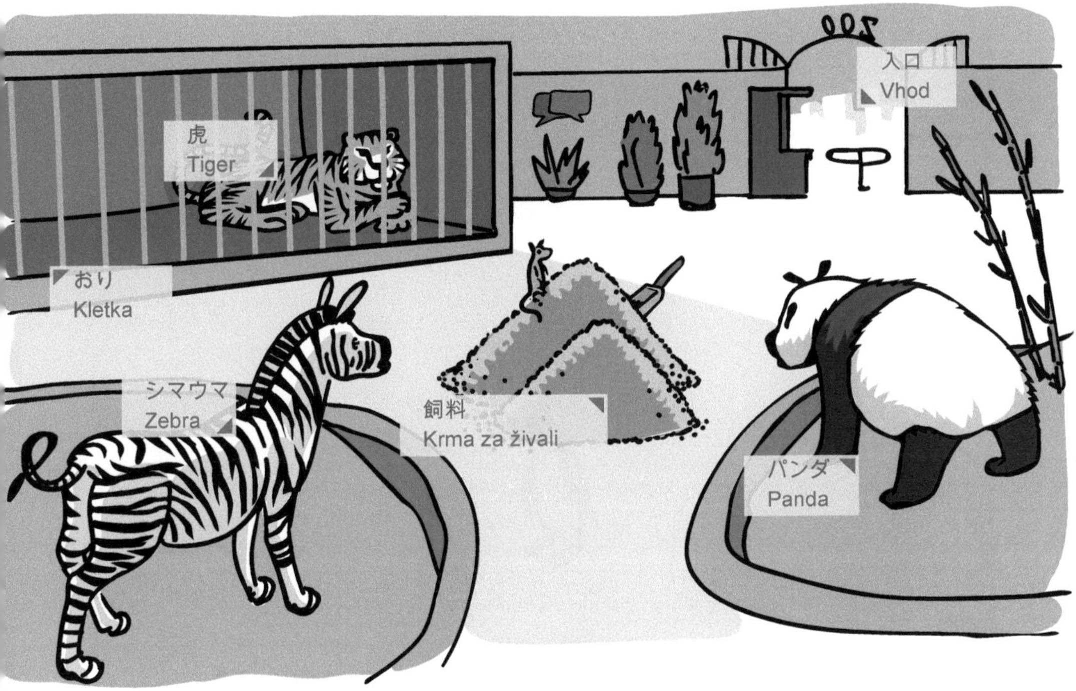
虎
Tiger
入口
Vhod
おり
Kletka
シマウマ
Zebra
飼料
Krma za živali
パンダ
Panda

動物

Živali

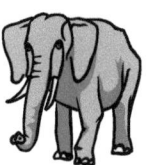

象

Slon

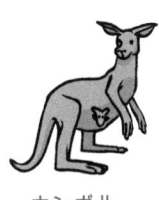

カンガルー

Kenguru

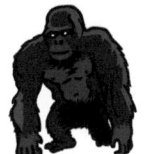

サイ

Nosorog

ゴリラ

Gorila

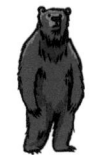

熊

Medved

ラクダ

Kamela

ダチョウ

Noj

ライオン

Lev

猿

Opica

フラミンゴ

Plamenec

オウム

Papagaj

白クマ

Severni medved

ペンギン

Pingvin

サメ

Morski pes

クジャク

Pav

蛇

Kača

ワニ

Krokodil

飼育係

Oskrbnik v živalskem vrtu

アザラシ

Tjulenj

ジャガー

Jaguar

動物園 - Živalski vrt

ポニー

Poni

ヒョウ

Leopard

カバ

Povodni konj

キリン

Žirafa

鷲

Orel

雄豚

Divji prašič

魚

Riba

亀

Želva

セイウチ

Mrož

狐

Lisica

ガゼル

Gazela

動物園 - Živalski vrt

アメフト
Ameriški nogomet

サイクリング
Kolesarjenje

テニス
Tenis

バスケット
ボール
Košarka

水泳
Plavanje

ボクシン
グ
Boks

アイスホ
ッケー
Hokej

サッカー
Nogomet

バドミントン
Badminton

陸上競技
Atletika

ハンドボール
Rokomet

スキー
Smučanje

ポロ
Polo

跳ぶ
Skočiti

抱きしめる
Objeti

笑う
Smejati se

歩く
Hoditi

歌う
Peti

祈る
Moliti

キス
Poljubiti

夢見る
Sanjati

書く
Pisati

描く
Risati

示す
Pokazati

押す
Potisniti

与える
Dati

取る
Vzeti

持っている
Imeti

する
Narediti

ある
Biti

立つ
Stati

走る
Teči

引く
Vleči

投げる
Vreči

落ちる
Pasti

横たわっている
Ležati

待つ
Čakati

運ぶ
Nositi

座る
Sedeti

着る
Obleči se

眠る
Spati

目が覚める
Zbuditi se

見る

Gledati

泣く

Jokati

なでる

Božati

櫛ですく

Česati se

話す

Govoriti

理解する

Razumeti

質問する

Vprašati

聞く

Poslušati

飲む

Piti

食べる

Jesti

片づける

Pospraviti

愛する

Ljubiti

料理する

Kuhati

運転する

Voziti

飛ぶ

Leteti

ヨットに乗る
Jadrati

計算する
Računanje

読む
Brati

学ぶ
Učiti se

働く
Delati

結婚する
Poročiti se

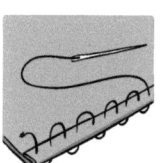

縫う
Šivati

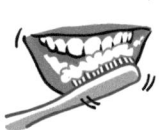

歯を磨く
Ščetkati si zobe

殺す
Ubiti

喫煙する
Kaditi

送る
Poslati

祖母
Stara mati

祖父
Stari oče

父
Oče

母
Mati

赤ん坊
Dojenček

娘
Hči

息子
Sin

お客様

Gost

おば

Teta

おじ

Stric

兄弟

Brat

姉妹

Sestra

体

Telo

ひたい
Čelo
目
Oko
肩
Rama
指
Prst
顔
Obraz
あご
Brada
手
Dlan
胸
Prsi
脚
Noga
腕
Roka

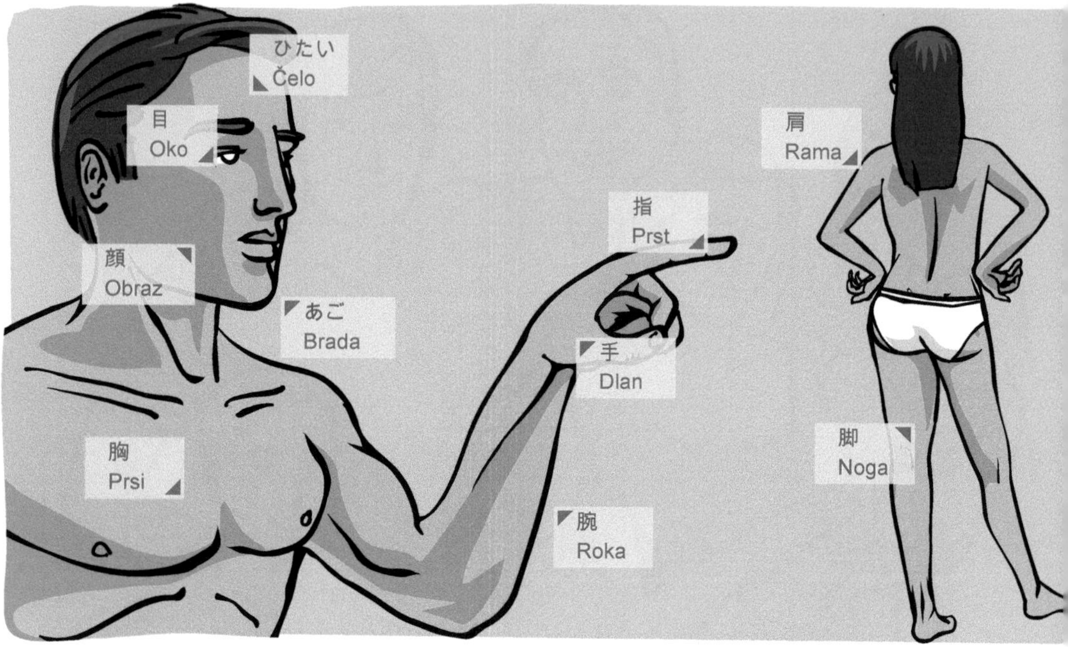

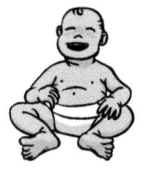

赤ん坊
Dojenček

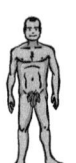

男性
Človek

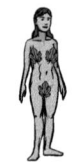

女性
Ženska

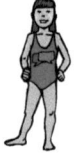

少女
Dekle

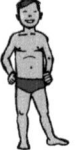

少年
Fant

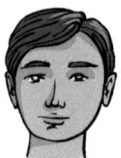

頭
Glava

背中
Hrbet

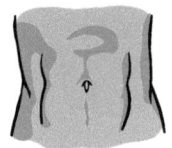

腹
Trebuh

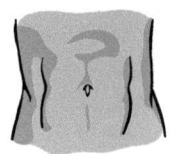

へそ
Popek

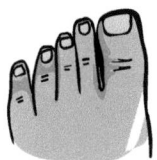

足指
Prst na nogi

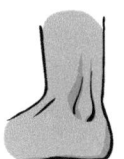

かかと
Peta

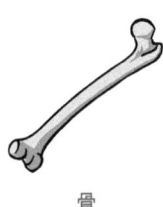

骨
Kost

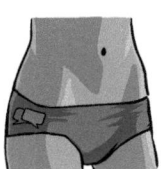

腰
Kolk

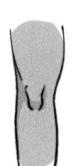

ひざ
Koleno

ひじ
Komolec

鼻
Nos

尻
Zadnjica

皮膚
Koža

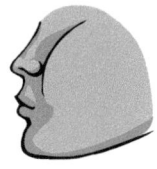

頬
Lice

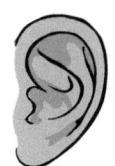

耳
Uho

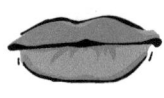

唇
Ustnica

体 - Telo

口
....
Usta

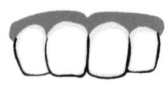

歯
....
Zob

舌
....
Jezik

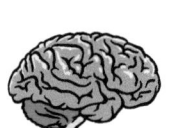

脳
....
Možgani

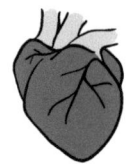

心臓
....
Srce

筋肉
....
Mišica

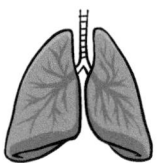

肺
....
Pljuča

肝臓
....
Jetra

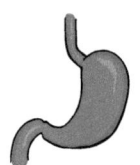

胃
....
Želodec

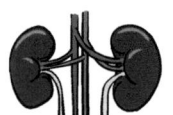

腎臓
....
Ledvice

セックス
....
Spolni odnos

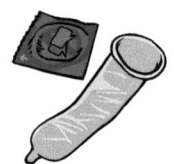

コンドーム
....
Kondom

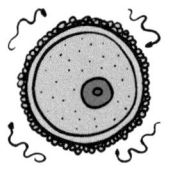

卵細胞
....
Jajčece

精液
....
Semenska tekočina

妊娠
....
Nosečnost

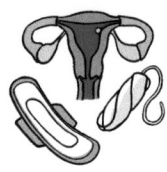

月経
Menstruacija

膣
Vagina

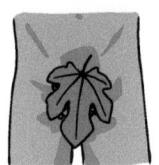

ペニス
Penis

眉
Obrv

髪
Lasje

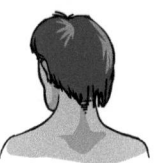

首
Vrat

病院

Bolnišnica

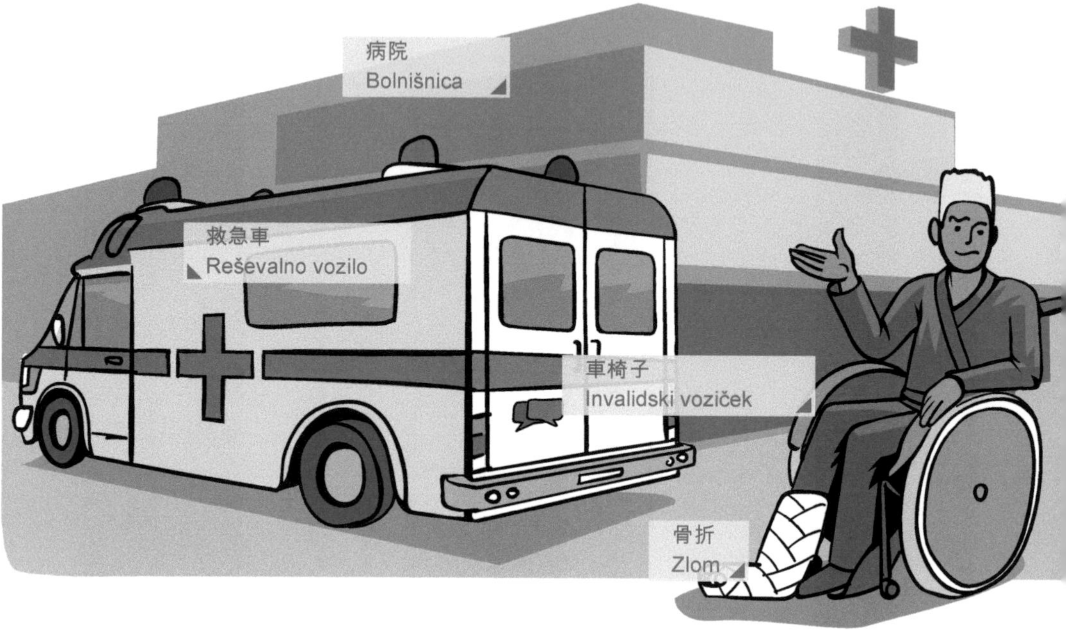

病院
Bolnišnica
救急車
Reševalno vozilo
車椅子
Invalidski voziček
骨折
Zlom

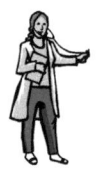

医師

Zdravnik

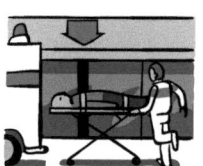

救急治療室

Urgenca

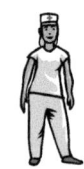

看護師

Medicinska sestra

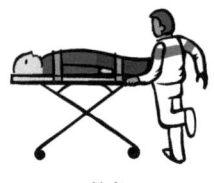

救急

Nujni primer

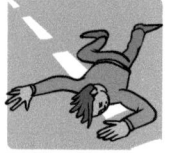

失神

Nezavesten

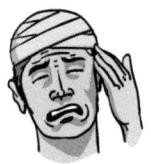

痛み

Bolečina

けが
Poškodba

出血
Krvavenje

心臓発作
Srčni infarkt

脳卒中
Kap

アレルギー
Alergija

咳
Kašelj

熱
Vročina

インフルエンザ
Gripa

下痢
Driska

頭痛
Glavobol

癌
Rak

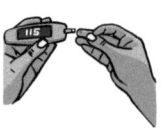

糖尿病
Sladkorna bolezen

外科医
Kirurg

外科用メス
Skalpel

手術
Operacija

CT
CT

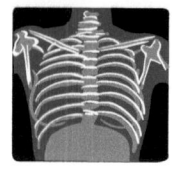

レントゲン
Rentgen

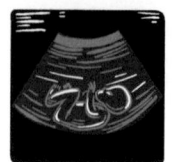

超音波
Ultrazvok

マスク
Obrazna maska

病気
Bolezen

待合室
Čakalnica

松葉づえ
Bergla

ばんそうこう
Obliž

包帯
Preveza

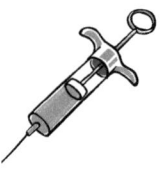

注射
Injekcija

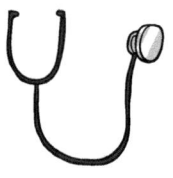

聴診器
Stetoskop

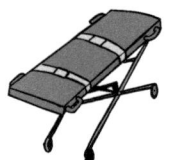

担架
Nosila

体温計
Klinični termometer

出産
Porod

肥満
Prekomerna teža

補聴器

Slušni pripomoček

消毒剤

Razkužilo

感染

Okužba

ウイルス

Virus

HIV / エイズ

HIV / AIDS

内服薬

Medicina

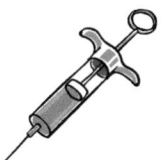

予防接種

Cepljenje

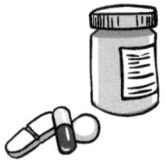

錠剤

Tablete

ピル

Tableta

緊急電話

Klic v sili

血圧計

Merilnik krvnega tlaka

病気の ／ 健康な

bolano / zdravo

助けて！

Na pomoč!

アラーム

Alarm

暴行

Napad

攻撃

Napad

危険

Nevarnost

非常口

Izhod v sili

火事だ！

Gori!

消火器

Gasilni aparat

事故

Nezgoda

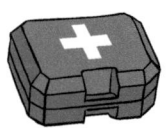

救急箱

Komplet za prvo pomoč

SOS

SOS

警察

Policija

ヨーロッパ

Evropa

北米

Severna Amerika

南米

Južna Amerika

アフリカ

Afrika

アジア

Azija

オーストラリア

Avstralija

大西洋

Atlantski ocean

太平洋

Tihi ocean

インド洋

Indijski ocean

南極海

Južni ocean

北極海

Arktični ocean

北極

Severni tečaj

南極

Južni tečaj

南極大陸

Antarktika

地球

Zemlja

陸

Kopno

海

Morje

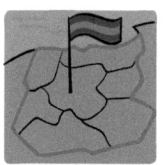

島

Otok

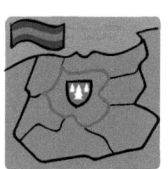

国家

Narod

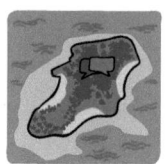

国家

Država

文字盤

Številčnica

短針

Urni kazalec

長針

Minutni kazalec

秒針

Sekundni kazalec

何時ですか？

Koliko je ura?

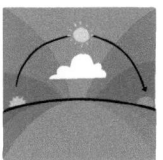

日

Dan

時間

Čas

現在

Zdaj

デジタル時計

Digitalna ura

分

Minuta

時間

Ura

月曜
Ponedeljek

MO

TU

火曜
Torek

W

水曜
Sreda

TH

土曜
Sobota

木曜
Četrtek

金曜
Petek

FR

SA

SO

日曜
Nedelja

昨日
Včeraj

今日
Danes

明日
Jutri

朝
Jutro

昼
Poldne

夜
Večer

営業日
Delovni dnevi

週末
Konec tedna

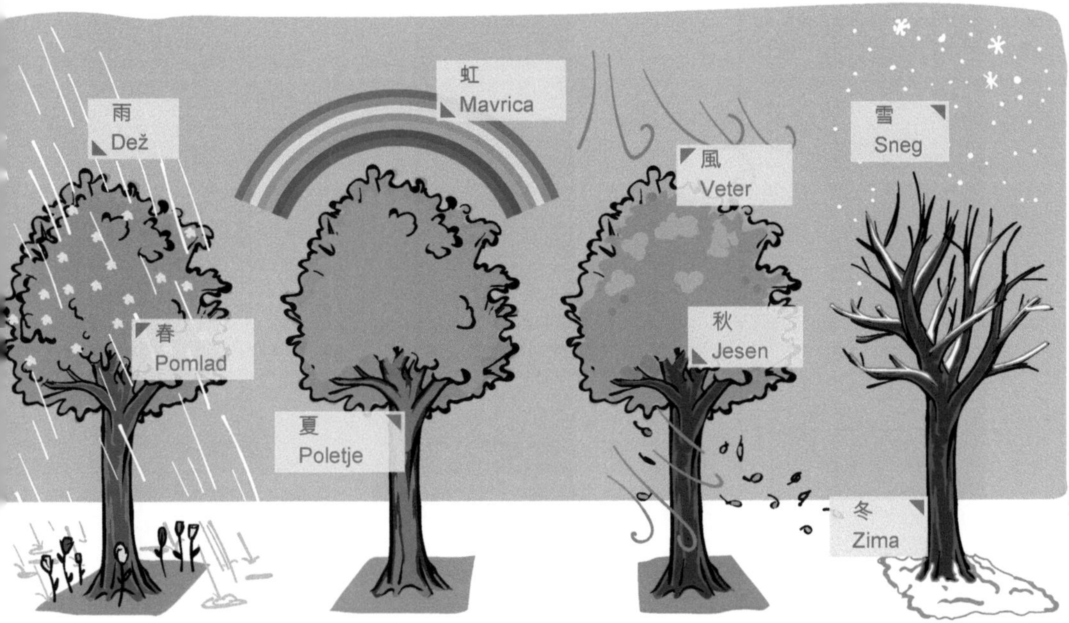
雨
Dež
虹
Mavrica
風
Veter
雪
Sneg
春
Pomlad
夏
Poletje
秋
Jesen
冬
Zima

4.APRIL 11°
5.APRIL 4°
6.APRIL 13°
7.APRIL 8°
8.APRIL 10°

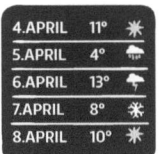

天気予報

Vremenska napoved

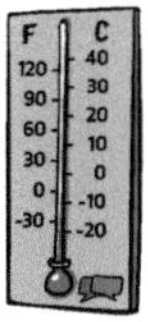

温度計

Termometer

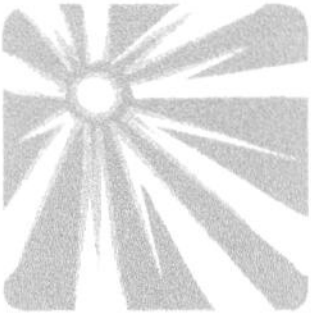

日差し

Sončna svetloba

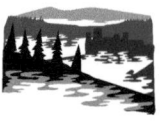

雲

Oblak

霧

Megla

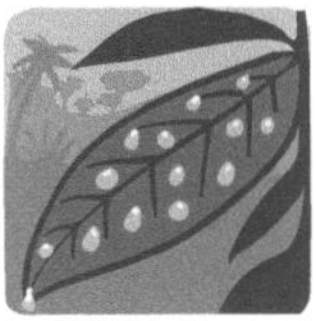

湿度

Vlažnost

雷

Strela

雷

Grom

嵐

Nevihta

ひょう

Toča

季節風

Monsun

洪水

Poplava

氷

Led

1月

Januar

2月

Februar

3月

Marec

4月

April

5月

Maj

6月

Junij

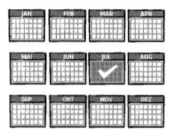

7月

Julij

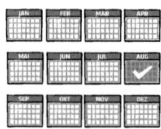

8月

Avgust

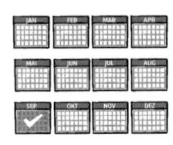

9月
....
September

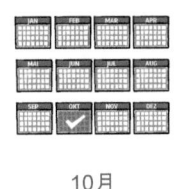

10月
....
Oktober

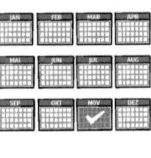

11月
....
November

12月
....
December

形

Oblike

円
....
Krogla

正方形
....
Kvadrat

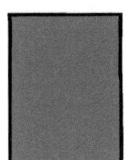

長方形
....
Pravokotnik

三角
....
Trikotnik

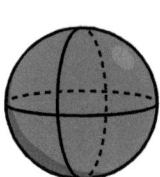

球
....
Krogla

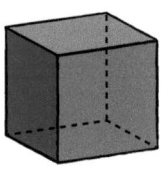

立方体
....
Kocka

白
....
Bela

黄
....
Rumena

オレンジ
....
Oranžna

ピンク
....
Rožnata

赤
....
Rdeča

紫
....
Vijolična

青
....
Modra

緑
....
Zelena

茶
....
Rjava

灰色
....
Siva

黒
....
Črna

多い ／ 少ない

veliko / malo

怒っている /
落ち着いている
jezno / umirjeno

美しい ／ 醜い

lepo / grdo

初め ／ 終わり

začetek / konec

大きい ／ 小さい

veliko / majhno

明るい ／ 暗い

svetlo / temno

兄弟 ／ 姉妹

brat / sestra

清潔な / 汚い

čisto / umazano

完全な ／ 不完全な

popolno / nepopolno

日中 ／ 夜

dan / noč

死んだ ／ 生きている

mrtvo / živo

幅広い ／ 狭い

široko / ozko

食べられる /
食べられない
užitno / neužitno

悪意のある / 親切な
zlobno / prijazno

興奮している /
退屈じている
vznemirjeno / zdolgočaseno

太った / 痩せた
debelo / vitko

最初に / 最後に
prvo / zadnje

友人 / 敵
prijatelj / sovražnik

いっぱいの / 空の
polno / prazno

硬い / 柔らかい
trdo / mehko

重い / 軽い
težko / lahko

空腹 / 喉の渇き
lakota / žeja

病気の / 健康な
bolano / zdravo

違法な / 合法な
nezakonito / zakonito

賢い / 愚かな
pametno / neumno

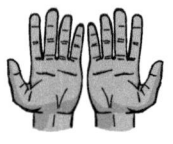

左に / 右に
levo / desno

近い / 遠い
blizu / daleč

新しい ／ 中古の
novo / rabljeno

何もない ／ 何かある
nič / nekaj

老いた ／ 若い
staro / mlado

オン ／ オフ
vklopljeno / izklopljeno

開いている ／
閉まっている
odprto / zaprto

静かな ／ うるさい
tiho / glasno

裕福な ／ 貧乏な
bogato / revno

正しい ／ 間違っている
prav / narobe

粗い ／ なめらか
grobo / gladko

悲しい ／ 幸せな
žalostno / veselo

短い ／ 長い
kratko / dolgo

ゆっくり ／ 速い
počasi / hitro

濡れた ／ 乾いた
mokro / suho

温かい ／ 冷たい
toplo / hladno

戦争 ／ 平和
vojna / mir

0

ゼロ

Ničla

1

1

Ena

2

2

Dva

3

3

Tri

4

4

Štiri

5

5

Pet

6

6

Šest

7

7

Sedem

8

8

Osem

9

9

Devet

10

10

Deset

11

11

Enajst

12

12
Dvanajst

13

13
Trinajst

14

14
Štirinajst

15

15
Petnajst

16

16
Šestnajst

17

17
Sedemnajst

18

18
Osemnajst

19

19
Devetnajst

20

20
Dvajset

100

100
Sto

1.000

1000
Tisoč

1.000.000

100万
Milijon

英語

Angleščina

アメリカ英語

Ameriška angleščina

中国標準語

Mandarinščina

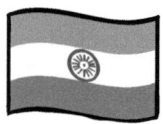

ヒンディー語

Hindujščina

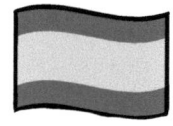

スペイン語

Španščina

フランス語

Francoščina

アラビア語

Arabščina

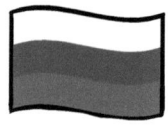

ロシア語

Ruščina

ポルトガル語

Portugalščina

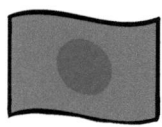

ベンガル語

Bengalščina

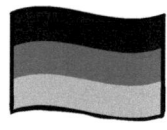

ドイツ語

Nemščina

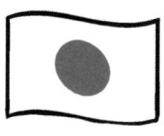

日本語

Japonščina

私

Jaz

あなた

Ti

彼 / 彼女 / それ

On / ona / tisto

私たち

Mi

あなたたち

Vi

彼ら

Oni

誰？

Kdo?

何？

Kaj?

どうやって？

Kako?

どこ？

Kje?

いつ？

Kdaj?

名前

Ime

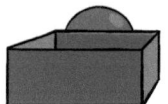

後ろ

Zadaj

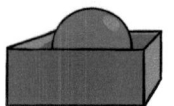

中

V

前

Pred

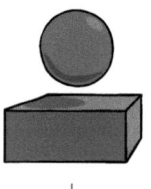

上

Nad

上

Na

下

Pod

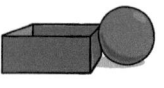

横

Poleg

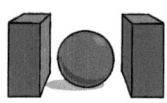

間

Med

場所

Kraj